Que tu es bon!

Textes: Josep Codina
Illustrations: Roser Rius

«COMMENT PRIER AVEC LES PETITS»

MÉDIASPAUL

Prier c'est ouvrir les YEUX et ADMIRER les merveilles qui m'entourent.

Prier c'est ouvrir les LÈVRES et REMERCIER Dieu pour les choses merveilleuses qu'il a faites pour les humains.

Prier c'est ouvrir les BRAS en toute
CONFIANCE, comme je les ouvre
à mon père et à ma mère.

Prier c'est RACONTER à Dieu
mes JOIES.

Prier c'est PARLER à Dieu de mes PEINES... et, aussi, LUI DEMANDER PARDON quand je n'ai pas bien fait ce que je devais faire ou que j'ai causé de la peine à quelqu'un.

Prier c'est DEMANDER
à Dieu ce que je désire
pour moi-même et pour
les autres.

Prier c'est ÉCOUTER Dieu
me parler dans le secret
de mon cœur.

Aux parents et aux éducateurs

Au fil des jours et des mois, vous aidez votre enfant à apprendre tout ce qui sera important dans sa vie.

Parce que vous l'aimez, vous voulez lui offrir tous les moyens qui puissent lui permettre de développer une personnalité équilibrée et sereine.

Sa **relation avec Dieu** est importante pour donner un sens à sa vie, s'aimer et aimer les autres.

LA PRIÈRE est l'expression de cette **RELATION PERSONNELLE D'AMOUR** avec Dieu. C'est pourquoi, dès les premiers instants de sa vie, l'enfant doit découvrir la présence de Dieu dans vos attitudes et dans vos paroles. Ainsi, il apprendra à parler avec Dieu, à prier.

- Si vous admirez Dieu, l'enfant aussi l'admirera.
- Si vous le remerciez, l'enfant apprendra à le faire aussi.
- Si vous parlez souvent avec Dieu, l'enfant aussi lui parlera.
- Si vous respectez Dieu, l'enfant le respectera.

Le premier pas pour une **éducation à la prière** consiste à susciter des attitudes quotidiennes d'**ADMIRATION** — de **CONFIANCE** — de **REMERCIEMENT** — d'**AMOUR**.

Ce livre voudrait vous aider dans cette tâche. À travers les **dessins**, nous vous suggérons des sentiments à développer chez l'enfant. Vous pourrez **commenter ces dessins avec lui** et, surtout, chercher à nourrir ces sentiments **à partir de la vie de tous les jours** et du contact avec les personnes et avec la nature.

La collection «Comment prier avec les petits» compte quatre livres:

1. **Que tu es bon!** (Attitudes)
2. **Je veux être ton ami!**
   (Connaître et admirer l'ami Jésus – le «Signe de la Croix»)
3. **Je prie comme Jésus!**
   (Ouvrir son cœur au Père du ciel – le «Notre Père»)
4. **Bonjour, Marie!** (Connaître Marie, la mère de Jésus, et avoir confiance en elle – «Je te salue, Marie»)

© *Josep Codina, Roser Rius* et *Editorial Claret*, SAU
Roger de Llúria, 5 – 08010 Barcelona

Titre original: *Que n'ets, de bo!*
Textes: *Josep Codina*
Illustrations: *Roser Rius*

Imprimé à Imprimeix
Badalona - Espagne

ISBN 2-89420-435-3
Dépôt légal – 1er trimestre 2001

© 2001
Médiaspaul
3965, boul. Henri-Bourassa Est
Montréal, QC, H1H 1L1 (Canada)
www.mediaspaul.qc.ca
mediaspaul@mediaspaul.qc.ca

Médiaspaul
8, rue Madame
75006 Paris (France)